PITTSBURG

D0824837

Usborne

Mi primera enciclopedia de Historia WITHDRAWN

Fiona Chandler

Diseño: Susie McCaffrey

Ilustraciones: David Hancock

Asesores pedagógicos: Dra. Anne Millard y Dr. David Martill

Traducción: Pilar Dunster
Redacción en español: Pilar Dunster y Nick Stellmacher

CONTRA COSTA COUNTY LIBRARY

3 1901 04400 3889

Links de Internet

En Internet hay muchos sitios interesantes donde puedes aprender más sobre los sucesos y acontecimientos históricos. En esta enciclopedia figuran recuadros con una breve descripción de los sitios web que puedes visitar desde el sitio Quicklinks de Usborne.

Para enlazar, haz clic sobre **www.usborne-quicklinks.com/es**, busca el título del libro y sigue las instrucciones. Aquí tienes algunos ejemplos de lo que vas a encontrar:

- Recorridos virtuales por las pirámides
- Descripciones de los dioses aztecas
- Reglas de las justas medievales
- Descripción de las armas de los samuráis

La seguridad en Internet

Sigue estos consejos cuando navegues por Internet:

- Pide permiso a tus padres o tutores antes de conectarte a Internet.

- No debes dar nunca tu nombre verdadero, ni tu dirección o el número de tu teléfono.

- No debes quedar nunca en encontrarte con alguien que has conocido en Internet.

- Si un sitio de Internet te invita a que entres o solicita que te inscribas dando tu nombre o tu dirección de correo electrónico, debes pedir permiso a tus padres o tutores.

- No debes contestar si recibes un correo electrónico de alguien que no conoces. Debes informar a tus padres o tutores.

Ilustraciones descargables

Desde Usborne Quicklinks puedes descargar e imprimir gratis las ilustraciones que lleven una estrella (★) siempre que sean para tu uso personal; por ejemplo, para ilustrar tus tareas escolares. No se permite su copia o distribución con fines comerciales. Para ver la lista de ilustraciones gratuitas, visita **www.usborne-quicklinks.com/es** y sigue las instrucciones.

¿Y si no funciona el link?

Aunque actualizamos periódicamente los enlaces, puede que en alguna ocasión aparezca un aviso en pantalla indicando que el sitio que buscas no está disponible. Este problema suele ser pasajero, por lo que conviene volver a probar más tarde o al día siguiente. Si algún sitio deja de existir, tratamos de sustituirlo con otro parecido. En Quicklinks encontrarás una lista actualizada de los enlaces.

¿Qué equipo se necesita?

Puedes acceder a la mayoría de los sitios web que se describen en este libro con un ordenador personal y un navegador (el software que permite ver la información que hay en Internet). Algunos sitios requieren programas adicionales (plug-ins) para poder escuchar sonidos o ver vídeos y animaciones. Si no los tienes, aparece un aviso en pantalla y suele haber un botón sobre el que puedes hacer clic para descargar el plug-in necesario. También puedes visitar el sitio Quicklinks de Usborne y hacer clic sobre Guía de Internet.

Nota para los padres

Los sitios web descritos en el libro se revisan periódicamente y los links que aparecen en el sitio Quicklinks se actualizan cuando es necesario. No obstante, dado que el contenido de un sitio web puede cambiar en cualquier momento, Usborne Publishing no se hace responsable del contenido de ningún sitio web, a excepción del propio. Recomendamos supervisión adulta mientras los niños estén conectados a Internet, que no entren en los chats y que se instalen filtros en el ordenador para bloquear material de contenido inapropiado para menores. Los padres deberán asegurarse de que los niños siguen las normas que figuran en el apartado "La seguridad en Internet" (recuadro a la izquierda). Más información en el apartado **Guía de Internet** del sitio Quicklinks de Usborne.

EL ORDENADOR NO ES INDISPENSABLE

La enciclopedia en sí es un libro completo y una magnífica fuente de información.

Sumario

Esta antigua pintura mural egipcia muestra a un noble practicando la caza de aves.

El mundo de los dinosaurios

Los animales ya existían en la Tierra mucho antes que las personas. Fueron diferentes en cada era prehistórica, pero durante un tiempo los más grandes y rápidos eran los dinosaurios.

Hubo muchas clases distintas de dinosaurios. Aquí ves los tamaños del más grande y del más pequeño comparados con el de una persona.

Link de Internet

Explora una ruta de dinosaurios y estudia sus huellas. Para enlazar, visita:
www.usborne-quicklinks.com/es

¿Qué clase de animales eran?

Los dinosaurios pertenecían a los reptiles, un grupo de animales con el cuerpo cubierto de escamas. Puede que las aves desciendan de algún tipo de dinosaurios, porque algunas también tienen escamas.

Los dinosaurios vivían en tierra firme. Algunos cazaban para alimentarse pero la mayoría comía plantas. Se extinguieron hace 65 millones de años, mucho antes de que apareciera los primeros humanos, y solamente sobrevivieron las aves.

El dinosaurio hembra ponía huevos de los que nacían las crías. Éstas acaban de salir del huevo.

En el mar y en el cielo

En tiempos de los dinosaurios, también había reptiles voladores, llamados pterosaurios, y otros reptiles de gran tamaño que nadaban en las aguas del mar.

El enorme diplodocus se alimentaba de plantas (era herbívoro) y tenía el largo de dos autobuses.

★

Este dinosaurio es un triceratops. Tenía cuernos para defenderse.

El ictiosaurio es un reptil marino y un magnífico nadador.

Los pterosauros tenían alas. El de la ilustración es un pteranodon.

El tiranosaurio rex era más alto que un elefante.

Tenía colmillos largos y afilados para desgarrar la carne.

Este dinosaurio de aspecto tan fiero es un tiranosaurio rex. Se alimentaba de carne (era carnívoro).

Con garras para sostener la comida ——

El hombre prehistórico

Los primeros seres humanos vivían de la caza y la pesca; también se alimentaban de frutos y plantas. Al cambiar la estación, se desplazaban en busca de comida.

En verano vivían en tiendas hechas de pieles de animales y sostenidas con ramas.

En invierno, cuando hacía frío, se cobijaban en cuevas abrigadas.

En busca de alimento

Pasaban mucho tiempo buscando alimento. Cazaban ciervos, caballos, bisontes y cerdos salvajes; también comían plantas, frutos y animales pequeños.

Algunos de los alimentos que comían los hombres prehistóricos.

Frutos silvestres

Pescado

Caracoles

Hojas de diente de león

Setas

Frutos secos

Cangrejos

Huevos de aves

Lagartijas

Marisco

Estos animales
fueron pintados en las
paredes de una cueva de
Lascaux (Francia). ¿Reconoces lo que
son? La respuesta está en la página 64.

Pinturas rupestres

En lo más profundo y oscuro de
las cuevas nuestros antepasados
pintaron los animales que solían
cazar. Quizás creían que las
pinturas tenían poderes mágicos
y traían suerte a los cazadores.

Link de Internet

Cueva con pinturas rupestres y
lista de otras cuevas en el sur de España.
Para enlazar, visita:
www.usborne-quicklinks.com/es

Utensilios de piedra

Los hombres prehistóricos
tallaron herramientas de
sílex (un tipo de piedra).
Utilizaban lanzas con punta
afilada de sílex para cazar y
tallaban hachas y cuchillos
para cortar carne.

Más tarde hicieron flechas con
punta de sílex como ésta.

Pastores y agricultores

La agricultura comenzó cuando el hombre aprendió a plantar semillas y cultivar plantas. También domesticó vacas, ovejas y otros animales y ya no tuvo que vagar de un sitio a otro en busca de comida.

Recipiente de arcilla de los primeros agricultores de Turquía.

La agricultura

Hace unos doce mil años, gentes asentadas en el Próximo Oriente empezaron a cultivar el trigo y la cebada. Molían el grano para obtener harina y hacer pan.

En lo alto del tallo de estas espigas se pueden distinguir los granos de trigo.

Otras actividades

Como los agricultores ya no tenían que buscar comida constantemente, podían dedicarse a otras actividades. Fabricaron cacharros de barro para guardar comida y cocinar y aprendieron a hilar lana para tejer telas.

Parte de una aldea agrícola en el Próximo Oriente. Tiene un muro para que no entren los animales salvajes.

Este hombre hace una ofrenda a la estatua de la diosa protectora de la aldea.

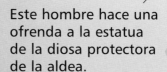

Nuevas herramientas

Los agricultores primitivos hacían utensilios de piedra, hueso y madera. Más adelante, el hombre aprendió a trabajar los metales y fabricó las primeras herramientas de cobre.

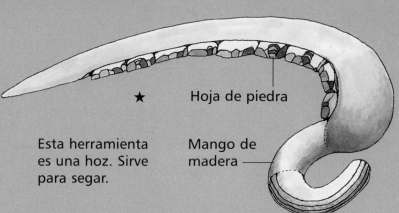

Esta herramienta es una hoz. Sirve para segar.

Hoja de piedra

Mango de madera

Las mujeres traen agua del arroyo.

Los segadores cortan la cosecha con hoces.

Hacen ladrillos de adobe para arreglar el muro.

Los tejados de las casas están cubiertos de paja.

Las vacas dan carne, leche y cuero.

Las primeras ciudades

Las primitivas aldeas agrícolas crecieron
y se convirtieron en ciudades populosas.
Las primeras ciudades del mundo surgieron
en la región de Sumer (Próximo Oriente).

La vida en una ciudad

Cada ciudad tenía una muralla que la protegía de
ataques enemigos. Dentro había casas, escuelas
y talleres de artesanos. También había un
templo, donde la gente hacía ofrendas
al dios protector de la ciudad.

Un casco de oro
hallado en la antigua
ciudad de Ur. Fue
encontrado en la
tumba de un rey.

La ilustración representa una
ciudad de Sumer. Se ve gente que
acude en procesión al templo.

Muralla que rodea
el templo

El templo estaba en una
pirámide escalonada
llamada zigurat.

Escuela

Soldados

Alfarería

Las primeras ruedas

Hace unos 5.500 años los alfareros sumerios usaron el torno para moldear cacharros. El torno fue la primera rueda que hubo en el mundo. Más adelante, los carros ligeros y de guerra llevaron ruedas.

Las ruedas estaban formadas por tres piezas de madera.

Representación de soldados sumerios montados en carros de guerra. ¿Qué soldado está a punto de arrojar su lanza?

★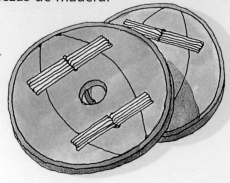

Link de Internet

Todo sobre los carros de combate sumerios y la rueda. Para enlazar, visita:
www.usborne-quicklinks.com/es

Tablillas y sellos

★

Por lo general, la gente no sabía escribir y utilizaba los servicios de un escriba. Se escribía sobre tablillas de arcilla húmeda que se cocían en un horno para endurecerlas.

Cálamo de junco   Tablilla de arcilla

Se utilizaban sellos de piedra para firmar. Al hacerlos rodar por la arcilla blanda imprimían el dibujo que tuvieran grabado.

Se hace rodar el sello

Dibujo impreso en la arcilla

Las casas tienen azoteas.

Juego de mesa

Hombres fabricando armas de metal.

El antiguo Egipto

Los habitantes del antiguo Egipto eran agricultores y vivían a orillas del Nilo, cuyas aguas aprovechaban para regar sus cosechas. A los egipcios los gobernaba un rey muy poderoso: el faraón.

Máscara de oro de la tumba del faraón Tutankhamón

Link de Internet

Página de egiptomanía con recorridos virtuales y vídeos 3D de las pirámides. Para enlazar visita: **www.usborne-quicklinks.com/es**

Faraones y pirámides

Algunos faraones fueron enterrados en el interior de enormes pirámides de piedra, al borde del desierto. El cuerpo del faraón se colocaba en una cámara secreta en el centro de la pirámide. Existen unas 80 pirámides y en la construcción de cada una se emplearon 20 años.

Éstas son las pirámides de Gizeh donde fueron enterrados los faraones y sus esposas.

En esta pirámide fue enterrado el faraón Menkaure (Micerinos).

La Gran Pirámide, hecha con más de dos millones de bloques de piedra.

Las tres esposas de Menkaure fueron enterradas en las tres pirámides pequeñas.

Momias y sarcófagos

Los antiguos egipcios conservaban el cuerpo de los muertos para que no se descompusiera y tuviera otra vida después de la muerte. Tras extraer los órganos internos, secaban el cadáver y lo envolvían con vendas. El cuerpo conservado es una momia.

En vasos como éstos se guardaban los órganos internos.

La momia se encerraba en un sarcófago de madera pintada como éste.

Los jeroglíficos egipcios

El sistema de escritura egipcia constaba de más de 700 símbolos diferentes, llamados jeroglíficos (grabados sagrados), que consisten en dibujos de objetos. Aquí puedes ver algunos ejemplos:

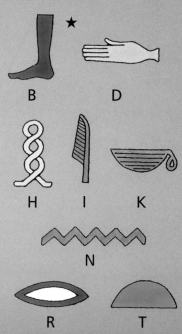

B   D

H   I   K

N

R   T

Prueba a encontrar los símbolos para las letras "I", "N", "R" y "T" en esta pintura egipcia.

Los guerreros celtas

Los pueblos comúnmente llamados
celtas vivían en el occidente europeo.
Eran fieros guerreros, pero cultivaban
la poesía, las artes y la música.

Crearon bellos objetos de metal
decorados con curvas y espirales,
como el reverso de este espejo.

El recinto fortificado

Los celtas vivían en tribus que solían
luchar entre sí. Los jefes tribales
residían con sus familias en fuertes situados en
lugares elevados para defenderse de los ataques
enemigos. Estaban dotados de fosos y enormes
montículos de tierra que los hacían inaccesibles.

Todavía se ven los fosos y los
montículos de tierra en las
laderas de este cerro.

Acometida de los
guerreros celtas al
comienzo de la batalla.

Los guerreros
dan fuertes gritos
para amedrentar
al enemigo.

Las trompetas de
guerra emitían un
sonido espeluznante.

Nobles en
carros ligeros
de combate

Algunos guerreros se
pintaban dibujos azules
en la cara y el cuerpo
para inspirar terror.

La vida cotidiana

La vivienda celta era circular. El interior consistía en una sola estancia, donde toda la familia cocinaba, comía y dormía. La casa del jefe y su familia estaba dentro del fuerte, pero el resto de la gente vivía en aldeas.

Llevan ropa con cuadros y rayas de vivos colores.

El bardo (un poeta) recita las aventuras de los héroes celtas.

Casa circular de un jefe que celebra una fiesta con sus guerreros tras lograr una victoria.

Tejado cubierto de paja

Las paredes son un entramado cubierto con barro y paja.

Colchón de paja para dormir

Asan un jabalí para la fiesta.

Para beber usan cuernos huecos de animales.

Link de Internet

Todo sobre los celtas en un sitio con personajes del cómic Asterix. Para enlazar visita: **www.usborne-quicklinks.com/es**

Todos los guerreros tienen armas de metal.

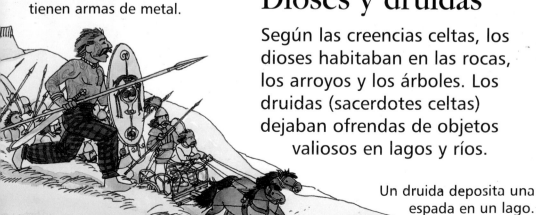

Dioses y druidas

Según las creencias celtas, los dioses habitaban en las rocas, los arroyos y los árboles. Los druidas (sacerdotes celtas) dejaban ofrendas de objetos valiosos en lagos y ríos.

Un druida deposita una espada en un lago.

La Grecia antigua

Antiguamente, Grecia no era el país que conocemos hoy, sino una serie de ciudades-estado con gobernantes propios. La más importante era Atenas, famosa por su cultura y su teatro.

El edificio principal de Atenas era un templo: el Partenón.

Los templos

En todas las ciudades griegas se edificaron enormes templos de mármol en honor de los dioses. Solían tener un tejado triangular, sostenido por columnas de gran altura.

Las columnas

Los griegos crearon tres tipos de columna. ¿Sabes cuál es la que utilizaron en el Partenón?

Columna dórica

Columna jónica

Columna corintia

Aquí se ven las ruinas del Partenón. Está situado en lo más alto de la ciudad de Atenas.

Las paredes y las columnas son de mármol.

Compara el tamaño del Partenón con el de una persona.

Las primeras obras teatrales

Los antiguos griegos escribieron las primeras obras de teatro. Según sus creencias, las representaciones complacían a los dioses y se solían celebrar durante sus festivales religiosos, que se prolongaban varios días. La mejor obra recibía un premio.

Link de Internet

La historia de los antiguos Juegos Olímpicos y de los juegos modernos quince siglos más tarde. Para enlazar, visita: **www.usborne-quicklinks.com/es**

Los actores que hacen de dioses simulan volar colgados de una grúa.

Músicos

★
Actores griegos representando una obra durante un festival.

Decorados

Escenario

Los actores llevan máscaras y disfraces para indicar su papel.

Los Juegos Olímpicos

Los griegos tenían gran afición a las competiciones atléticas, celebradas por todo el país. La más importante era los Juegos Olímpicos cada cuatro años en Olimpia.

Estos actores disfrazados son el coro. Cantan y bailan para explicar lo que ocurre en el escenario.

Pintura griega de un atleta practicando el salto de longitud.

La antigua China

Hace unos 2.200 años la antigua China comenzó a ser gobernada por poderosos emperadores. El primero de una larga dinastía se llamaba Qin Shi Huangdi.

Link de Internet

Historia de la construcción de la Gran Muralla. Para enlazar, visita: www.usborne-quicklinks.com/es

La Gran Muralla

Qin Shi Huangdi mandó construir una gran muralla para defender China de ataques enemigos. Sus sucesores la fueron extendiendo, hasta alcanzar más de 6.400 km de longitud. La Gran Muralla China es la mayor obra que ha construido el hombre.

Obreros construyendo un tramo de la Gran Muralla.

Muchos de los obreros son delincuentes forzados a trabajar en la muralla.

Bloques de piedra

Andamios de bambú

Desde esta torre vigía los soldados pueden avistar con facilidad al enemigo.

Superficie de pavimento empedrado

Base de tierra y piedras apisonadas

El cultivo de la tierra

La mayoría de la población china era campesina. En el norte del país cultivaban trigo y mijo; en el sur, de clima más húmedo y caluroso, sembraban arroz en arrozales encharcados.

Mujeres plantando arroz. Los campesinos chinos han cultivado el arroz de la misma manera desde hace siete mil años.

La muralla es ancha, para que circulen los carros de guerra.

Algunos tramos miden casi 10 m de altura.

Los guerreros estaban pintados, pero la pintura se ha desgastado.

El ejército de terracota

El primer emperador chino fue enterrado en una tumba enorme, protegida por 7.500 soldados de tamaño natural, hechos de terracota (arcilla cocida). Las figuras llevaban armas de verdad.

Unos cuantos soldados del ejército de terracota. Si te fijas en las caras, verás que son diferentes.

La antigua Roma

Hace unos 2.000 años Roma era una de las ciudades más grandes del mundo. Por aquel entonces, todos los territorios cercanos al mar Mediterráneo constituían un solo imperio bajo el dominio de Roma.

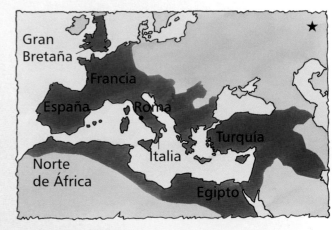

Todos los territorios en rojo eran parte del imperio romano.

Los soldados romanos llevaban yelmos de hierro y escudos de madera.

El ejército romano

Los romanos tenían un gran ejército muy bien adiestrado, que conquistaba territorios y protegía al imperio de ataques enemigos. La mayoría de los soldados luchaba a pie, con lanza, espada y daga.

Los soldados construyeron carreteras (calzadas romanas), que unían las ciudades del imperio.

Link de Internet

Pasa revista al armamento de un soldado romano en esta página. Para enlazar, visita:
www.usborne-quicklinks.com/es

Las casas romanas

En Roma, los ricos vivían en casas cómodas con grandes jardines. Algunas disponían incluso de retrete, agua corriente y calefacción central.

En esta casa romana falta parte del tejado para que se vea el interior.

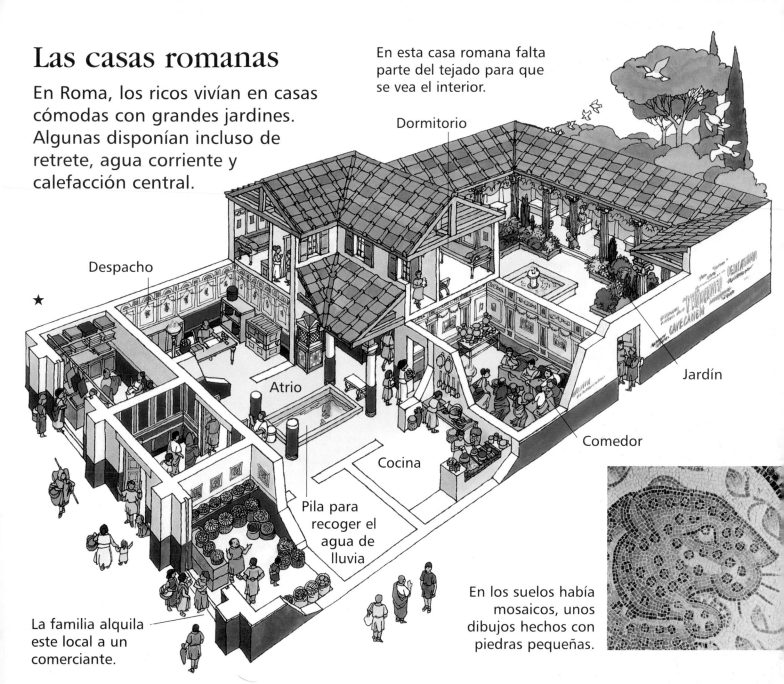

Dormitorio

Despacho

★

Jardín

Atrio

Comedor

Cocina

Pila para recoger el agua de lluvia

La familia alquila este local a un comerciante.

En los suelos había mosaicos, unos dibujos hechos con piedras pequeñas.

El ocio y los espectáculos

A los romanos les gustaban mucho las carreras de carros. La pista de carreras (el circo) era de grandes dimensiones.

También eran aficionados a las luchas de gladiadores, que combatían brutalmente y a menudo morían.

Muchos romanos iban a las termas (los baños públicos) para hacer ejercicio, bañarse y encontrarse con los amigos.

21

Los invasores vikingos

Los vikingos procedían de Noruega, Suecia y Dinamarca. Eran excelentes marineros y comerciantes, pero también fieros guerreros que atacaban y saqueaban los pueblos costeros de Europa.

Así vestían los guerreros vikingos

Groenlandia
Territorios vikingos
Islandia
América del Norte
Islas Británicas
Francia
España
Italia

Lugares a los que navegaron los vikingos.

Un dragón vikingo

Barcos vikingos

Los vikingos atacaban desde sus barcos dragón. Eran unas naves ligeras y resistentes que navegaban en mares revueltos y también por ríos poco caudalosos, porque eran de poco calado.

La cabeza de dragón de la proa tenía como fin asustar al enemigo.

Los vikingos a bordo de este barco dragón van a saquear.

El remo grande en la popa sirve para gobernar la nave.

La vivienda vikinga

Los jefes vikingos vivían en casas de planta alargada con una sola estancia de grandes dimensiones, donde todo el clan comía, trabajaba y dormía. Eran casas oscuras porque no había ventanas.

El humo del hogar sale por un agujero en el techo.

El dormitorio del jefe

Falta parte del tejado para que se pueda ver el interior.

El tejado está cubierto de paja.

Las paredes están hechas con troncos.

Esta mujer teje en un telar de madera.

Retrete

El resto de la gente duerme en bancos junto a las paredes.

El ganado pasa el invierno dentro de la casa.

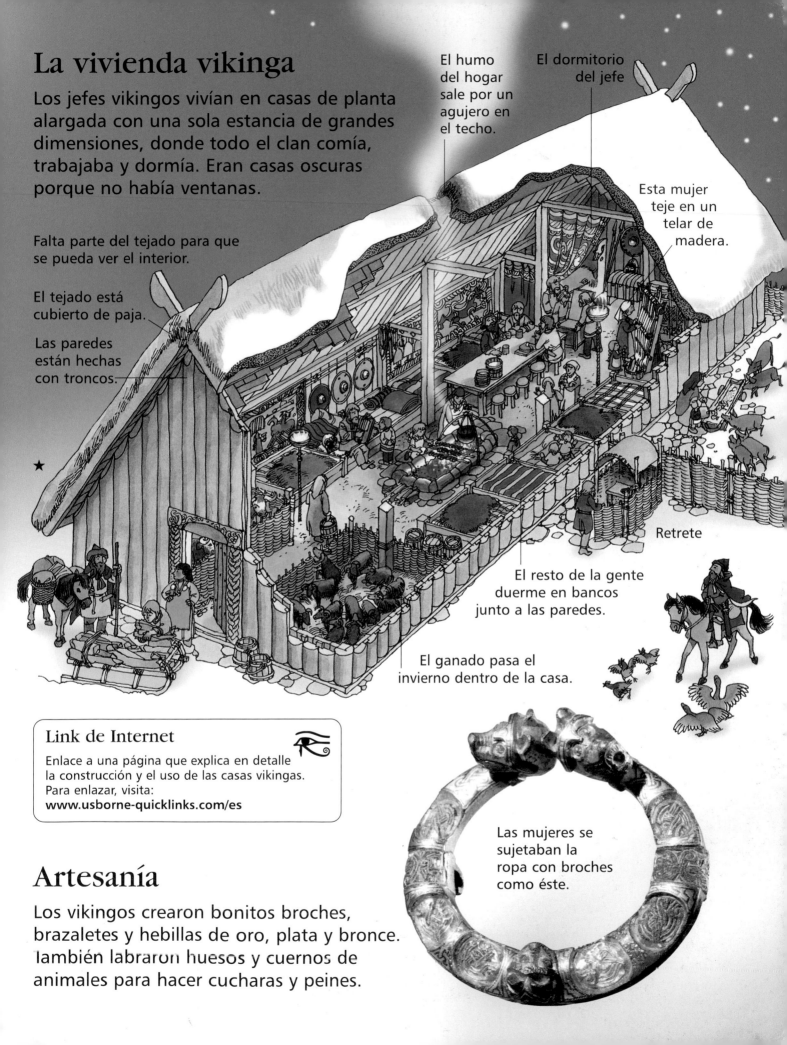

Link de Internet

Enlace a una página que explica en detalle la construcción y el uso de las casas vikingas. Para enlazar, visita:
www.usborne-quicklinks.com/es

Las mujeres se sujetaban la ropa con broches como éste.

Artesanía

Los vikingos crearon bonitos broches, brazaletes y hebillas de oro, plata y bronce. También labraron huesos y cuernos de animales para hacer cucharas y peines.

Los reinos africanos

África es un continente enorme, donde hay desiertos, selvas impenetrables y extensas sabanas. Cada región tenía su propia cultura y en algunas florecieron imperios.

Los habitantes de Benín (África occidental) crearon bellas estatuas de bronce.

El reino del oro

En Malí (África occidental) había yacimientos de oro y el país se enriqueció traficando con mercaderes procedentes del norte de África.

★ Los mercaderes del norte de África iban a Mali cruzando en camello el desierto del Sáhara.

Marfil (colmillos de elefante)

Oro

★ Sal

Mercancías compradas y vendidas por los mercaderes

Muros hechos de ladrillos de adobe

Los mercaderes norteafricanos eran musulmanes y muchos habitantes de Malí se convirtieron a su religión. En las ciudades se erigieron grandes mezquitas, escuelas y universidades musulmanas.

Ésta es la gran mezquita de Djenné (Malí). Es una copia del edificio original, del que solo quedaban las ruinas.

Una ciudad de piedra

En la sabana del sur de África estaba la ciudad Gran Zimbabwe, que prosperó comerciando con oro y cobre. El rey vivía dentro de un recinto amurallado en el centro de la ciudad.

Link de Internet

Página con datos, mapa y fotos de Malí que puedes ampliar. Para enlazar visita: **www.usborne-quicklinks.com/es**

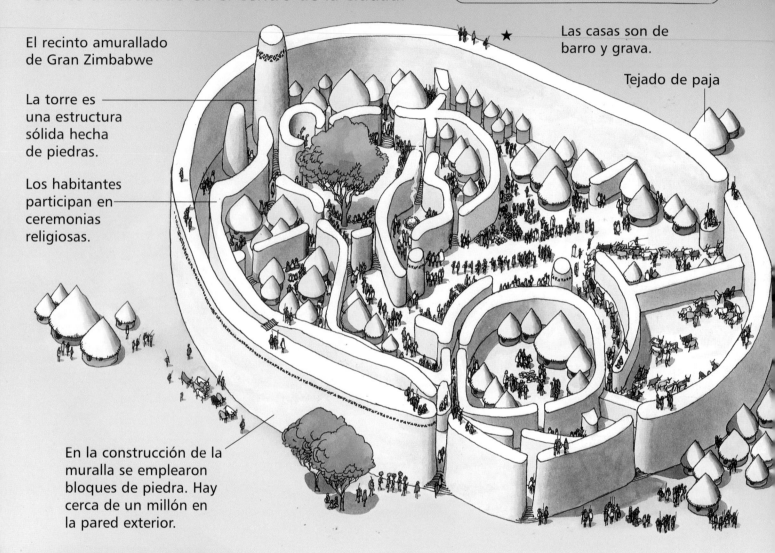

El recinto amurallado de Gran Zimbabwe

La torre es una estructura sólida hecha de piedras.

Los habitantes participan en ceremonias religiosas.

Las casas son de barro y grava.

Tejado de paja

En la construcción de la muralla se emplearon bloques de piedra. Hay cerca de un millón en la pared exterior.

Iglesias esculpidas

El reino de Etiopía era cristiano. Según las creencias del rey etíope Lalibela, Dios le había encargado esculpir iglesias en roca viva. Construyó once, algunas de las cuales se comunicaban mediante túneles subterráneos.

Una de las iglesias del rey Lalibela. Todas se esculpían en forma de cruz.

Un castillo medieval

En la Edad Media, hace entre 500 y 1.000 años, los reyes y los señores feudales de Europa solían luchar por la posesión de nuevas tierras. Construyeron castillos cercados con murallas de piedra para defenderse.

Dentro del castillo

En el castillo vivía el señor con su familia y todos sus soldados y sirvientes. Dentro hacía frío, porque en los primeros castillos entraba el aire por las ventanas sin cristales.

Vista parcial de un castillo. Faltan algunas paredes para que se vea el interior.

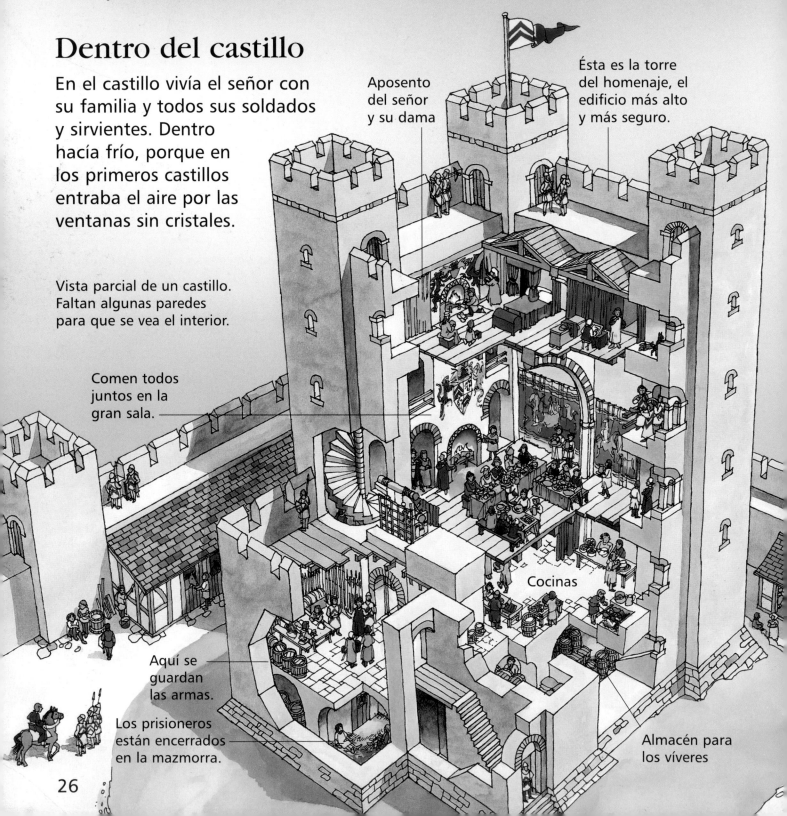

Aposento del señor y su dama

Ésta es la torre del homenaje, el edificio más alto y más seguro.

Comen todos juntos en la gran sala.

Cocinas

Aquí se guardan las armas.

Los prisioneros están encerrados en la mazmorra.

Almacén para los víveres

Los caballeros

Los caballeros eran soldados que luchaban a caballo. Sólo podían prepararse para serlo los hijos de los nobles. El buen caballero debía ser fuerte y valiente; además, debía jurar fidelidad a su señor.

En esta ilustración medieval figuran dos caballeros participando en las pruebas de una justa.

Escudo pintado

Cota de malla hecha de anillas de hierro

Este caballero ha sido derribado y cae de su montura.

La barra larga es una lanza.

Link de Internet

Un sitio que explica la organización y las reglas de las justas y torneos medievales. Para enlazar, visita: **www.usborne-quicklinks.com/es**

La muralla impide el acceso enemigo.

La guardia vigila los alrededores.

Las fiestas

Las fiestas se celebraban en la gran sala. Los invitados tomaban comidas pesadas, como cisne asado, carne sazonada, guiso de ardilla y caballa en azúcar. De postre, tarta de manzana o pasteles de miel.

El bufón contaba chistes y hacía reír a los invitados.

Los juglares cantaban y tocaban instrumentos musicales.

27

Hace 600 años

Una aldea medieval

En la Edad Media la mayoría de la población de Europa era campesina y vivía en aldeas. Los campesinos trabajaban las tierras cercanas a la aldea, que pertenecían a un noble.

Los aldeanos hacen los preparativos para la feria de verano. ¿Ves a un hombre con un oso amaestrado?

Mujer hilando lana.

Techo cubierto de paja

El herrero fabrica herramientas de hierro y las arregla cuando se estropean.

Cultivan verduras en los huertos.

Molino de viento para hacer harina.

La vivienda

Los aldeanos vivían en casas humildes con techos de paja y suelos de tierra. Sólo tenían una estancia con la lumbre para cocinar en el centro. A veces había un establo en un extremo para guardar los animales en invierno.

El señor vivía en un castillo o en una casa solariega. En la fotografía de la derecha aparece una casa solariega del sur de Inglaterra.

Todo el mundo va a la iglesia los domingos.

El cultivo de la tierra

En las aldeas solía haber tres campos de cultivo y las familias tenían unas cuantas parcelas en cada campo. Se plantaba trigo y cebada en dos de los campos y todos los años se dejaba uno sin sembrar para que descasara y volviera a ser fértil.

Ilustración medieval de un agricultor segando la cosecha con una hoz.

La peste negra

En 1347 una enfermedad terrible llegó a Europa procedente de Asia. La llamaron peste negra porque a las víctimas les salían manchas negras en el cuerpo. Causó millones de muertos y en algunas aldeas no se salvó nadie.

Las pulgas de las ratas negras transmitieron la peste.

Representación de un antiguo festival inca en la ciudad de Cuzco (Perú).

Los incas

Los incas vivían en la cordillera de los Andes (América del Sur). Eran agricultores, pero también magníficos constructores. Los gobernaba un emperador, a quien llamaban el inca.

Ciudades de piedra

Los incas construyeron grandes ciudades con enormes bloques de piedra, cortados con herramientas también de piedra, que encajaban perfectamente. En todas las ciudades había templos, palacios y observatorios astronómicos.

Machu Picchu está situada a 2.350 m sobre el nivel del mar.

Ruinas de Machu Picchu, antigua ciudad inca en los Andes.

Por las carreteras

Los incas construyeron carreteras de piedra que unían las ciudades. Por ellas iban veloces correos con mensajes de ciudad en ciudad. También pasaban soldados, mercaderes y agricultores con productos para el mercado.

Las llamas servían para llevar las cargas pesadas.

Construyeron puentes colgantes hechos de juncos para poder cruzar los valles y ríos.

Comida y bebida

Los incas cultivaban maíz, papas, pimientos, frijoles, tomates y calabazas en las laderas de los cerros. Tenían llamas y alpacas y criaban cobayas para obtener carne. Las mujeres hacían chicha, una una bebida preparada con fruta triturada y agua caliente.

★ Calabaza

★ Pimientos

★ Tomates

★ Frijoles

★ Maíz

Link de Internet

Aprende más sobre la organización social, la religión, las comunicaciones o los guerreros incas. Para enlazar, visita:
www.usborne-quicklinks.com/es

Los agricultores cultivaban sus productos en terrazas excavadas en las laderas de las montañas.

Los aztecas

Los aztecas vivían en la región que hoy es México. Eran fieros guerreros que a menudo luchaban con los pueblos vecinos. Cuando vencían en las guerras conseguían territorios y aumentaba su poderío.

Esta máscara espeluznante representa el rostro del dios Quetzalcóatl.

Los mejores guerreros eran los caballeros águila y los caballeros jaguar.

Caballero águila

Caballero jaguar

Una capital en un islote

La capital de los aztecas se llamaba Tenochtitlán y ocupaba un islote en la orilla del lago Texcoco. Existían más islotes unidos a tierra firme por calzadas sobre el nivel de las aguas. En el centro de la ciudad había una plaza inmensa con muchos templos.

Parte de la plaza en el centro de Tenochtitlán

Escuela para niños que serán sacerdotes

El juego de pelota (tlachí) era parte de la religión azteca.

Canal

Mercado

Puente de madera

Ofrendas a un dios

Según las creencias aztecas, el dios sol necesitaba corazones humanos para sobrevivir. Todos los años los sacerdotes sacrificaban miles de personas y ofrecían sus corazones al dios. La mayoría de las víctimas eran prisioneros de guerra.

Representación de Huitzilopochtli, el dios sol. Lleva un escudo y un arma mágica, la "serpiente de fuego".

Palo par cavar

Agricultores cavando la tierra de las chinampas.

Las chinampas

En el lago que rodeaba Tenochtitlán los agricultores tenían campos flotantes (chinampas) parecidos a gigantescas cestas llenas de tierra, donde crecía el maíz, frijoles, tomates y pimientos. Con la harina de maíz hacían tortillas (tortas planas).

Link de Internet

Descripción de todos los dioses aztecas con ilustraciones en color. Para enlazar visita: www.usborne-quicklinks.com/es

Templo de Quetzalcóatl, el dios serpiente

Los templos están en lo alto de las pirámides

Templo de Tlaloc, el dios de la lluvia

Templo de Huitzilopochtli, el dios del sol y la guerra

El Renacimiento italiano

Hace 550 años, en Italia se volvió a estudiar el arte y la cultura de las antiguas Grecia y Roma. Artistas, pensadores y científicos pusieron a prueba nuevas ideas basadas en lo aprendido. Esta época tan importante es el Renacimiento.

Los mecenas eran personas ricas que encargaban obras de arte, cuadros o esculturas y pagaban por ellas.

Bellos edificios

Los arquitectos estudiaban las ruinas de los monumentos romanos para averiguar cómo se habían construido y luego diseñaban nuevos edificios en el mismo estilo, con pilares, cúpulas y arcos.

La enorme cúpula de la catedral de Florencia (Italia) es una de las primeras en estilo renacentista.

En su construcción, que duró 16 años, se emplearon cuatro millones de ladrillos.

Link de Internet

Renacimiento (arquitectura y arte), Enciclopedia Microsoft® Online 2004. Para enlazar visita: **www.usborne-quicklinks.com/es**

La catedral de Florencia tiene dos cúpulas, una dentro de otra, para prestar mayor solidez al edificio.

Cúpula exterior

Cúpula interior

La perspectiva

Los pintores inventaron técnicas nuevas para reflejar la realidad. Observaron que lo lejano parece más pequeño que lo cercano y usaron la perspectiva para lograr una sensación de distancia y profundidad en sus cuadros.

Ciencia e inventos

Además de estudiar las plantas, los animales y el hombre, los científicos hicieron experimentos e inventaron diseños para relojes, armas, bombas de agua y todo tipo de máquinas.

El pintor, escultor e inventor Leonardo da Vinci diseñó estas máquinas, pero la mayoría no llegó a construirse.

Un tanque con cuatro hombres dentro que harían girar las ruedas para hacerlo avanzar.

Un helicóptero

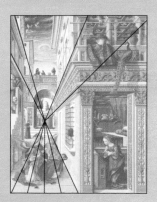

Observa los personajes en esta pintura. Son más pequeños cuanto más lejos se encuentran.

Todas las líneas rectas coinciden en un mismo punto en la distancia.

Detalle de *El nacimiento de Venus* de Sandro Boticelli. El pintor emplea la luz y las sombras para dar volumen a la figura.

La exploración del mundo

Las especias y sedas de la India y China eran carísimas y muy apreciadas en Europa. Como su transporte por tierra llevaba tiempo y resultaba peligroso, los europeos trataron de buscar rutas al Oriente por mar.

Jengibre

Canela

Especias de Oriente

Pimienta

Nuez moscada

Carabela con secciones al descubierto para que se vea el interior

En alta mar

El vigía trata de divisar tierra desde la cofa.

Los exploradores tenían que ser muy valientes porque navegaban meses sin saber cuándo hallarían tierra. Los marineros enfermaban y morían si se agotaban la fruta y las verduras y había muchos barcos que naufragaban en las tormentas y no volvían a puerto.

Los marineros trepan por sogas para izar las velas.

El camarote del capitán

Los animales serán sacrificados para disponer de comida durante la travesía.

El barco tiene 30 m de eslora: mide lo que tres autobuses.

El timón sirve para gobernar la nave.

Barriles de agua y alimentos

Cristóbal Colón

Muchos europeos creían que la Tierra era plana, aunque algunos pensaban que era redonda como una pelota. El navegante italiano Cristóbal Colón estaba convencido de que podría llegar a la India navegando hacia occidente y partió de España con rumbo al océano Atlántico.

▲ En 1492, Cristóbal Colón tocó tierra en las Antillas, pero pensó que había llegado a la India. ★

▲ Vasco da Gama fue el primer europeo que llegó a la India por mar, rodeando la costa de África ★

▲ El primer navegante que dio la vuelta al mundo fue Fernando de Magallanes. Su viaje demostró que la Tierra era redonda. ★

Colón encontró cocoteros y otras plantas que no se conocían en Europa.

Buscando el camino

Como no había mapas de los océanos, los marineros tenían que buscar el camino con los pocos instrumentos de navegación existentes.

El astrolabio servía para localizar a qué distancia estaban hacia el Norte o el Sur.

El compás servía para establecer el rumbo que llevaba la nave.

Link de Internet

Las rutas al Oriente en una página de la enciclopedia Icarito. Para enlazar, visita: www.usborne-quicklinks.com/es

La dinastía Tudor

Los Tudor fueron una dinastía de soberanos que reinaron en Inglaterra más de cien años e hicieron rico y poderoso al país.

Retrato del rey Enrique VIII. Este soberano se divorció dos veces y mando decapitar a otras dos de sus esposas.

Monedas procedentes de un buque de guerra Tudor naufragado.

Enrique VIII

Enrique VIII subió al trono a los 17 años. Se casó seis veces, pero solo tuvo tres hijos. También se enemistó con el Papa (cabeza de la Iglesia católica en Europa) y fundó su propia iglesia, la Iglesia anglicana.

Link de Internet

Biografía de Enrique VIII, perteneciente a la dinastía Tudor. Para enlazar, visita: **www.usborne-quicklinks.com/es**

Exploradores y piratas

Hubo exploradores al servicio de los Tudor que navegaron a América y trajeron a Europa alimentos como la patata. Algunos exploradores también eran piratas y robaban los tesoros a bordo de barcos españoles en las costas de América.

Isabel I

La última soberana de la dinastía Tudor fue Isabel I. Reinó 45 años y durante su mandato Inglaterra rechazó el ataque de una flota de buques españoles, llamada la Armada Invencible.

Retrato de Isabel I. A la reina le gustaba mucho la ropa elegante y poseía 260 trajes diferentes.

El teatro isabelino

En tiempos de Isabel I había gran afición al teatro. Se daban representaciones en teatros como el Globe de Londres y las obras más populares eran las de William Shakespeare.

Abajo, actores representando una obra en el Globe.

Durante la obra ondea una bandera.

Techo para que los actores no se mojen si llueve.

Techo cubierto de paja

Escenario

Falta parte de la pared para que se vea el interior.

Postes de roble

Los ricos ocupan los asientos a los lados del escenario.

Los menos pudientes ven la obra de pie junto al escenario.

39

Los chinos inventaron la pólvora, que se usaba para fabricar fuegos artificiales, además de armas.

La dinastía Ming

Hace alrededor de 500 años China estaba gobernada por los Ming, una familia de emperadores. Fundaron la capital en Beijing y residían en un gran palacio, dentro de un recinto llamado la Ciudad Prohibida.

La Ciudad Prohibida

La Ciudad Prohibida estaba formada por palacios, templos, explanadas y jardines. La rodeaban una muralla y un foso lleno de agua. Sólo tenían permitido entrar en ella la familia del emperador y los sirvientes.

Abajo, la procesión imperial pasa ante el Salón de la Armonía Suprema de la Ciudad Prohibida.

Los edificios son de madera y ladrillos pegados con una mezcla de arroz cocido y claras de huevo.

El palacio tiene 9.999 habitaciones (equivalente a 74 campos de fútbol). Lo edificaron un millón de obreros durante 14 años.

Funcionarios y soldados

40

Fabricado en China

Durante la dinastía Ming, los chinos crearon objetos de gran belleza. Los más famosos eran de una cerámica muy fina llamada porcelana. También fabricaron telas muy caras de seda.

Jarrón de porcelana

Cajita de madera cubierta de laca, un barniz muy brillante

Dos funcionarios chinos pintados en una tela de seda

El té chino

Los chinos comenzaron a cultivar té hace 1.700 años. Al principio las hojas tenían fines medicinales, pero más adelante el té pasó a ser una bebida popular. Se prepara en una tetera y se consume en pequeños recipientes.

Link de Internet

La cultura china (dinastías, medicina, costumbres, etc.). Para enlazar, visita: **www.usborne-quicklinks.com/es**

Campesinos cosechando las hojas de la planta del té.

El emperador va en un carruaje tirado por elefantes.

Los zares de Rusia

Durante siglos, Rusia estuvo gobernada por los zares, poderosos emperadores que buscaron el engrandecimiento de su país. Sin embargo, algunos zares trataron muy mal al pueblo ruso.

Retrato de Iván el Terrible, un zar que se ganó este apodo por haber mandado maltratar y asesinar a mucha gente.

La religión rusa

Los rusos eran cristianos pertenecientes a la Iglesia ortodoxa. Además de encargarse del gobierno del país, el zar tenía que desempeñar diversas funciones religiosas. Muchos zares mandaron construir bellas iglesias que todavía existen.

La catedral está compuesta por nueve iglesias adosadas.

Ésta es la catedral de San Basilio (Moscú). Fue construida por orden de Iván el Terrible para conmemorar una victoria.

Las paredes son de ladrillo recubierto de azulejos de colores.

Algunas cúpulas tienen forma de cebolla.

Las torrecillas son puntiagudas y con lados triangulares.

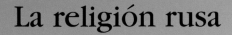

Pedro I el Grande

Pedro I el Grande modernizó y europeizó Rusia. Ordenó la construcción de fábricas, canales y barcos y creó una marina de guerra. También fundó una nueva capital, San Petersburgo, a orillas del Báltico.

El palacio de verano del zar Pedro I el Grande, cerca de San Petersburgo, tiene más de 140 fuentes y 22 km de cañerías.

★ El zar obligó a los nobles rusos a vestir a la europea y afeitarse la barba.

Estilo antiguo

Estilo moderno

Link de internet

Galería de fotos de San Petersburgo (monumentos, plazas etc.). Para enlazar, visita: **www.usborne-quicklinks.com/es**

Vida rural

La mayoría de la gente vivía en aldeas campesinas y, por lo general, era muy pobre. Muchos rusos eran siervos y no se les permitía cambiar de domicilio ni de ocupación. Los siervos eran vendidos con las tierras en que trabajaban.

Iglesia

Sacan agua del pozo.

Parte de un pueblo ruso

★

Todos los edificios están hechos de maderos encajados sin usar clavos.

Baños de vapor. Dentro hace calor, como en una sauna.

Los samuráis

En la antigua sociedad japonesa tuvieron máximo poder unos guerreros llamados samuráis. Los más ricos eran nobles que poseían tierras y vivían en castillos.

Los castillos samuráis eran edificios altos de madera, con tejados en punta y aleros curvados. Abajo, el castillo de Himeji, cerca de la ciudad de Kobe.

Paredes recubiertas de yeso a prueba de incendios.

Los guerreros y sus armas

Cada señor tenía su propio ejército de guerreros samuráis, siempre dispuestos a luchar por él. Algunos guerreros eran muy jóvenes (tenían 13 ó 14 años). Además de ser buenos en la lucha, los samuráis también sabían bailar y componer poesía.

Guerreros samuráis con sus armas

Lanza

Arco y flecha

Espada larga

Casco de hierro

Peto de tiras de cuero

Trajes y tradiciones

Los hombres y mujeres de familias samurai vestían quimonos, unas túnicas largas de seda. La ley prohibía que la gente humilde vistiera de seda; su ropa era de lino o de algodón.

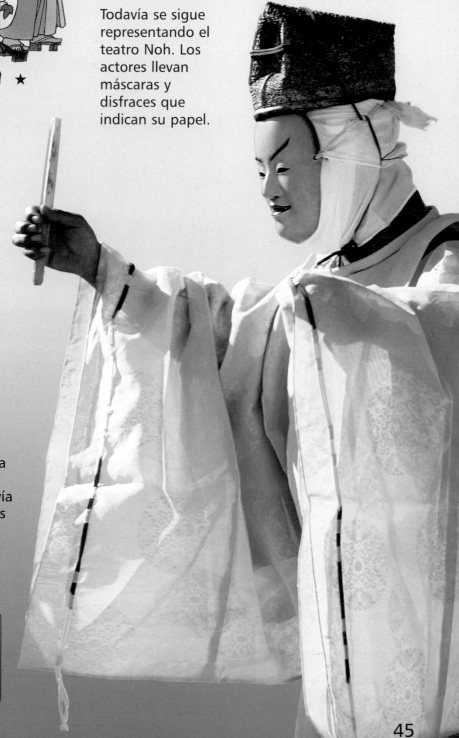

Fuera de casa la gente llevaba zancos para no mancharse los pies de barro.

En verano, la gente llevaba parasoles y se abanicaba con paipáis para pasar menos calor.

Los ricos disfrutaban de un paseo por sus jardines admirando el paisaje.

Los amigos se reunían para la ceremonia del té, que se servía siguiendo unas reglas muy estrictas.

Link de Internet

Amplia información sobre los samuráis: origen, historia, armas y modo de vida. Para enlazar visita: **www.usborne-quicklinks.com/es**

El teatro japonés

Los japoneses ricos disfrutaban viendo representaciones de teatro Noh, en las que todos los actores son hombres y algunos hacen papeles de mujer. Las obras de teatro Noh incluyen música, canto, danza y poesía y suelen ser tristes.

Todavía se sigue representando el teatro Noh. Los actores llevan máscaras y disfraces que indican su papel.

América del Norte

En 1620, un grupo de cristianos ingleses, llamados más tarde los padres peregrinos, se exiliaron a América del Norte. Los peregrinos eran gentes muy religiosas que deseaban adorar a Dios sin el control de la Iglesia anglicana.

Los peregrinos llegaron a América en el buque *Mayflower*. Arriba, una réplica del buque.

Supervivencia

Los peregrinos tocaron tierra en un lugar que llamaron Plymouth. El primer invierno fue muy duro y la mitad murió de frío y hambre.

Llegada la primavera, los peregrinos hicieron amistad con los indios nativos, quienes les enseñaron a cultivar maíz, habichuelas y calabazas.

Día de Acción de Gracias

Tras recoger la primera cosecha, los peregrinos invitaron a los indios a un festín, que los americanos conmemoran en noviembre con la comida de Acción de Gracias.

Tejados cubiertos de paja

Las casas están hechas con tablones de madera.

Pescado puesto a secar

La ilustración representa la colonia de peregrinos de Plymouth preparando la comida especial de Acción de Gracias.

Link de Internet

Historia del *Mayflower* y de los peregrinos. Para enlazar, visita:
www.usborne-quicklinks.com/es

La empalizada impide que entren animales salvajes.

En los huertos plantan habichuelas, cebollas, nabos y calabazas.

Las mujeres despluman pavos salvajes.

Un niño muele harina de maíz para hacer pan.

Los indios nativos traen un ciervo para la fiesta.

Esta mujer cuece calabazas para hacer un pastel.

Un país nuevo

Muchos más europeos se establecieron en América del Norte. Al principio, Gran Bretaña gobernaba todas las colonias de la costa atlántica.

Los colonos ganaron una guerra contra Gran Bretaña en 1783 y empezaron a autogobernarse. Llamaron a su país los Estados Unidos de América.

Retrato de George Washington, el primer presidente de los Estados Unidos de América.

La India de los mogoles

Durante un tiempo, gran parte de la India fue gobernada por emperadores mogoles musulmanes, procedentes de Asia central. Aunque eran grandes guerreros, también amaban el arte, la música y la poesía.

La arquitectura mogol

Los emperadores mogoles eran riquísimos. Dedicaron su riqueza a la construcción de bellos palacios, fuertes, tumbas y mezquitas (edificios para el culto musulmán). Algunos llegaron a construir ciudades enteras.

Las paredes del Taj Mahal están decoradas con flores formadas por más de 40 clases de piedras semipreciosas.

El monumento mogol más famoso es el Taj Mahal, un mausoleo que mandó construir el emperador Shah Jahan para su amada esposa, Mumtaz Mahal.

Los esposos están enterrados en una cámara subterránea, situada debajo de la cúpula.

El Taj Mahal es de mármol blanco. Lo construyeron más de 20.000 obreros y artesanos.

Estas torres se llaman minaretes.

La vida palaciega

Los nobles vivían con mucho lujo en el palacio imperial. Durante el día se paseaban por los jardines o iban de caza. Por la noche se celebraban grandes fiestas y los invitados eran agasajados con música, poesía y danza.

★

Una fiesta en el palacio imperial

El emperador ocupa un trono de oro.

Músicos

Este instrumento es una cítara.

Los pintores mogoles crearon obras muy bellas y llenas de detalle. Arriba, pintura ecuestre del emperador Shah Jahan.

Turbante

Velo

Los hombres visten traje de seda (*kurta*) y calzas ceñidas (*paijama*).

Bailarinas

★

Los nobles cazaban a lomos de elefante. Las presas eran leones y tigres.

Link de Internet

Fotografías y descripción del Taj Mahal que ayudan a comprender este bello ejemplo de arquitectura mogol. Para enlazar, visita: **www.usborne-quicklinks.com/es**

49

El comercio holandés

Holanda fue un país muy próspero
en el siglo XVII. Los comerciantes
holandeses eran propietarios de
barcos que recorrían el mundo e
importaban valiosas mercancías.

★ Sedas de
China

Especias de las
Indias Orientales
★

Joyas de
la India
★

Algunas de las valiosas
mercancías importadas
por los holandeses

Té de
China

Azúcar
de Brasil
★

Una ciudad con canales

Amsterdam, una ciudad holandesa, era el puerto
más activo de Europa, donde vivían ricos banqueros
y comerciantes. La ciudad creció entre una red
de canales (ríos artificiales). Las mercancías
se transportaban en barcazas a las casas y
almacenes de los comerciantes.

En la ilustración figuran las casas de los
comerciantes de Amsterdam. Falta una
fachada para que se vea el interior.

Son casas altas, pero muy
estrechas. Algunas sólo
tienen 3 m de ancho.

Almacenan
las
mercancías
en el ático.

Mercader

Descargando
una barcaza.

Tierras rescatadas

Por ser Holanda un país muy llano, el mar inundaba las zonas costeras. Los ingenieros holandeses inventaron modos de drenar el agua y, en los campos rescatados al mar, los agricultores cultivaron tulipanes procedentes de Turquía.

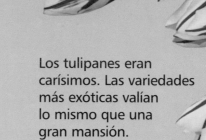

Los tulipanes eran carísimos. Las variedades más exóticas valían lo mismo que una gran mansión.

Los molinos drenaban los campos y el agua iba a los ríos y canales.

Los tulipanes se exhibían en jarrones especiales de porcelana de Delft.

Afición a la pintura

A los holandeses les gustaba embellecer sus hogares con objetos decorativos. Los mercaderes ricos encargaban sus retratos y la gente más humilde compraba cuadros en el mercado. Había pinturas hasta en las panaderías y las carnicerías.

La pintura holandesa suele reflejar escenas de la vida cotidiana. El lienzo de la izquierda es obra de Jan Vermeer.

Esta mujer va al mercado con su criada.

Link de Internet

Cuadros y biografía del pintor holandés Jan Vermeer. Para enlazar, visita: **www.usborne-quicklinks.com/es**

Canal

El lujo francés

Luis XIV de Francia era el rey más poderoso de la Europa de hace unos 350 años. Ocupó el trono cuando tan sólo tenía cinco años, pero reinó durante 72. Disfrutó de grandes riquezas y de una vida de lujo.

La Galería de los Espejos del palacio de Versalles. Diecisiete enormes espejos arqueados cubren una de las paredes.

El palacio real

Luis XIV mandó construir un magnífico palacio en Versalles, cerca de París, que llenó de valiosos muebles, lienzos y esculturas. En el palacio vivía la familia real, los consejeros del rey, más de 1.500 sirvientes y muchos nobles del reino.

Link de Internet

Imágenes de Luis XIV de Francia y enlaces a su biografía y a otros personajes históricos. Para enlazar, visita: **www.usborne-quicklinks.com/es**

El palacio tiene 700 aposentos y 67 escalinatas.

En la ilustración, el palacio de Versalles. Se tardaron 47 años en construirlo.

Los surtidores de las fuentes no funcionaban más de tres horas seguidas porque necesitaban gran cantidad de agua.

La moda francesa

En el siglo XVIII los nobles que residían en Versalles se vestían siguiendo la última moda europea. Llevaban trajes de sedas muy finas, adornados con preciosos bordados, joyas, encajes y cintas.

Un ejemplo de los trajes que vestía la nobleza francesa del s. XVIII

Los caballeros llevaban peluca de pelo humano, crin de caballo o pelo de cabra.

Chorrera de encaje

Pantalones de seda

Medias de seda

Las damas llevaban el peinado rococó de hasta 1 m de altura.

Ricos y pobres

En 1789 se desencadenó la Revolución Francesa, cuando el pueblo, que era muy pobre, se rebeló contra los ricos. El rey, la reina y cientos de nobles fueron sentenciados a muerte y el pueblo gobernó el país.

Las faldas de los vestidos eran tan amplias que las damas tenían que entrar por las puertas de lado.

El Lejano Oeste

Los europeos se habían asentado en el este de Norteamérica, pero hubo exploradores que se abrieron camino al oeste. Pronto cruzaron América familias de agricultores en busca de tierras.

Camino de Oregón

Camino de California

EE UU

Camino de Santa Fe

La mayoría de las familias emprendían el viaje en Missouri (EE UU). En el mapa figuran las rutas al Oeste.

Este peñón se llama Chimney Rock; una de las maravillas naturales del Camino de Oregón.

Las caravanas

A las familias que fueron a vivir al Oeste se les dio el nombre de pioneros. Hicieron el largo y penoso viaje en carromatos tirados por bueyes y a veces eran atacados por los indios.

Los pioneros tienen que atravesar ríos, montañas y desiertos.

Caravana de pioneros camino del Oeste

Los carromatos llevan un toldo extendido sobre aros de madera.

En los carromatos hay comida para todo el viaje, útiles de labranza y muebles.

54

En busca de oro

En 1848, el hallazgo de oro en California (en la costa oeste), causó la "Fiebre del Oro", que atrajo a miles de buscadores deseosos de hacerse ricos.

Estos buscadores de oro lavan la tierra del arroyo para encontrar pepitas.

★

Link de Internet

Fotos del jefe indio Toro Sentado e información sobre las tribus. Para enlazar, visita: **www.usborne-quicklinks.com/es**

Los vaqueros

Las praderas del Oeste eran un pasto excelente para las reses vacunas. Los vaqueros las recorrían con sus rebaños, que luego se transportaban en tren hacia el este para su venta.

Los aparejos del vaquero

El lazo para atrapar a las reses.

El pañuelo evita que entre el polvo en la boca y la nariz.

Sombrero de ala ancha

Chaparreras de cuero para proteger las piernas.

El ganado va al final de la caravana.

Barril de agua

Muchas familias viajan juntas para protegerse mejor.

Tierras indias

Los colonos que iban llegando al Oeste se apropiaban de las tierras donde siempre habían vivido los indios nativos, quienes lucharon para conservarlas, pero al final perdieron la mayor parte.

Fotografía de Toro Sentado, famoso jefe de una tribu india.

La época victoriana

El largo reinado de Victoria I de Gran Bretaña se llama la época victoriana. Entonces se crearon muchas industrias y las ciudades crecieron con obreros que venían a trabajar en las fábricas.

Las ciudades industriales

Los ricos tenían mansiones en las afueras de las ciudades, pero los obreros de las fábricas vivían apiñados en casas pequeñas, sin agua corriente ni retrete. El humo de las fábricas, que era irrespirable, y la suciedad reinante, hacían enfermar y morir a la gente.

★

Los trenes con máquinas de vapor transportaban viajeros y mercancías a bajo precio de una ciudad a otra.

Link de Internet

Visita virtual al interior de una mansión victoriana. Texto en inglés. Para enlazar visita:
www.usborne-quicklinks.com/es

El dibujo representa parte de una ciudad victoriana. ¿Ves a un policía que acaba de arrestar a un ladronzuelo?

Los obreros trabajaban muchísimas horas en la fábrica de tejidos.

Calles alumbradas por farolas de gas.

En cada casa diminuta llegan a vivir hasta 20 personas.

Prenden carbón para calentar las casas. El humo sale por las chimeneas.

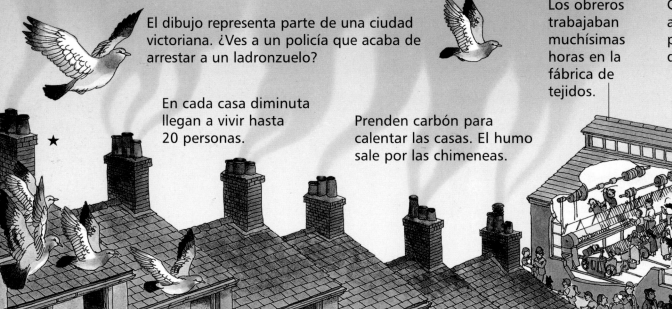

★

Los niños victorianos

Los hijos de las familias ricas iban a colegios privados. A las hijas se las educaba en casa.

Los hijos de las familias pobres tenían que trabajar en las minas de carbón y en las fábricas.

Los huérfanos eran enviados a "casas de trabajo", donde eran tratados con severidad.

La moda victoriana

Durante la décadas de 1850 y 1860, las damas llevaban vestidos con faldas muy amplias, sostenidas por un miriñaque hecho de aros. También llevaban una prenda interior, el corsé, que ceñía la cintura para que pareciera más reducida.

Ropa interior de las damas victorianas

La talla ideal de cintura era de tan sólo 45 cm.

Corsé

Miriñaque

Esta ilustración de una revista de modas muestra los trajes que se llevaban en 1859.

Tocado atado bajo la barbilla

La Primera Guerra Mundial

La Primera Guerra Mundial estalló en 1914. Los países aliados, Gran Bretaña, Francia, Bélgica y Rusia, se enfrentaron a Austria y Alemania. Más adelante, muchos otros países participaron en el conflicto.

Las amapolas que crecían en los campos de batalla se convirtieron en un símbolo de esta guerra para los británicos.

Link de Internet

Un sitio web dedicado a la Primera Guerra Mundial. Para enlazar, visita:
www.usborne-quicklinks.com/es

En las trincheras

Muchas batallas ocurrieron en el norte de Francia. Los soldados de ambos bandos cavaron zanjas profundas (trincheras), para estar a cubierto de las balas enemigas.

Los soldados vivían semanas enteras en las trincheras. Durante las batallas salían y cargaban contra el enemigo. Millones de soldados murieron en los terribles combates.

En la ilustración, soldados británicos en las trincheras

Descansan en agujeros excavados en el costado de la trinchera.

Las plataformas de madera evitan que los soldados se hundan en el barro.

Los oficiales viven en refugios subterráneos.

Los pies de los soldados suelen infectarse porque siempre están mojados.

Armas nuevas

Ambos bandos ensayaron armas de guerra nuevas. Alemania utilizó por primera vez el gas tóxico; Gran Bretaña inventó los tanques.

Cazabombardero alemán

Ambos bandos utilizaron aviones espía para localizar las trincheras y derribar aviones enemigos.

Los tanques aplastaban las alambradas y las ametralladoras, pero se estropeaban a menudo.

Los submarinos alemanes atacaban los barcos que iban a Gran Bretaña y Francia.

Los soldados llevaban careta protectora antigás.

Trinchera alemana

Centinela encargado de hacer la guardia

Alambrado de espino

Ametralladora

Sacos de arena

Las trincheras están infestadas de ratas, piojos y pulgas.

El fin de la guerra

En 1917, los Estados Unidos de América se unieron a la guerra con los aliados y les ayudaron a vencer. La guerra terminó a las 11:00 horas del 11 de noviembre de 1918. Costó 16 millones de vidas.

Muchos ciudadanos de todo el mundo recuerdan el 11 de noviembre de cada año a los muertos en todas las guerras.

La Segunda Guerra Mundial

La Segunda Guerra Mundial comenzó en 1939, cuando Alemania invadió Polonia. Después, Japón atacó a los Estados Unidos y muchos países se unieron en contra de Alemania y Japón.

En guerra apenas había comida. Este cartel anima a los ingleses a cultivar la tierra y producir sustento.

El bombardeo de Gran Bretaña

En pocos meses, los alemanes ocuparon gran parte del occidente europeo y comenzaron a bombardear las ciudades de Gran Bretaña. Las bombas destruían edificios y mataban a miles de personas.

Los niños que vivían en las ciudades fueron enviados al campo durante los bombardeos.

Más adelante, Gran Bretaña bombardeó las ciudades alemanas. En la fotografía aparece Colonia en ruinas.

Link de Internet

Una web con personajes, armas, batallas y fotografías de la Segunda Guerra Mundial. Para enlazar, visita:
www.usborne-quicklinks.com/es

Pearl Harbor

En 1941, la aviación japonesa atacó barcos de guerra americanos en Pearl Harbor (Hawai). Los Estados Unidos entraron en la guerra, y la lucha pasó al Extremo Oriente y el océano Pacífico.

Desembarco de los soldados americanos en una isla del Pacífico.

Barcos americanos incendiados en Pearl Harbour. También fueron destruidos muchos aviones.

El Holocausto

El líder alemán Adolf Hitler quería acabar con todos los judíos europeos. Durante la guerra, exterminó a seis millones de judíos. Esta terrible matanza se denomina el Holocausto.

El fin de la guerra

Alemania y Japón no tenían soldados ni armas suficientes para ganar la guerra. Alemania capituló en mayo de 1945.

En agosto, los americanos dejaron caer dos bombas enormes en Japón. Los japoneses capitularon y la guerra terminó. Había costado 50 millones de vidas.

Soldados rusos ondeando la bandera de su país en Berlín, la capital de Alemania.

Las bombas lanzadas sobre Japón eran de un tipo nuevo, llamado bomba atómica.

Hace 50 años

El mundo moderno

En esta página se recogen algunos de los descubrimientos e inventos que han cambiado nuestra manera de vivir desde la Segunda Guerra Mundial.

1952 Primer vuelo de un avión a reacción comercial.

1957 La primera central nuclear entra en funcionamiento en Estados Unidos.

1958 Se inventa el microchip. Los microchips son partes importantes de los ordenadores.

1961 Yuri Gagarin es el primer ser humano que sale al espacio.

1962 Se transmiten por primera vez imágenes de televisión desde Estados Unidos a Europa.

1967 El cirujano Christiaan Barnard realiza el primer transplante de corazón.

1969 El astronauta Neil Armstrong es la primera persona que pisa la Luna.

1972 Nace "Pong", el primer videojuego de ordenador.

1975 En EE UU se ponen a la venta los primeros ordenadores para el hogar.

1976 Primer vuelo del Concorde, el primer avión comercial que superó la velocidad del sonido (avión supersónico).

1979 Los primeros teléfonos móviles (celulares) salen a la venta en Japón.

1981 Se fabrica el primer PC (ordenador personal).

1981 El transbordador espacial americano hace su primer viaje.

1982 Salen a la venta los primeros discos compactos (CDs).

1982 Un paciente recibe un corazón artificial por primera vez.

1989 Se inventa la World Wide Web, la "telaraña global" que permite obtener información de Internet con rapidez y facilidad.

1990 Se lanza al espacio un telescopio enorme: el Telescopio Espacial Hubble.

1994 Se inaugura el túnel bajo el Canal de la Mancha, entre Gran Bretaña y Francia.

1996 La oveja Dolly es el primer animal clonado del mundo. Un animal clonado es una copia idéntica de otro animal.

La nave espacial que llevó a Neil Armstrong a la Luna en julio de 1969.

Índice

Agradecimientos

Se han tomado medidas para identificar a los titulares del copyright. En caso de omisiones la editorial se ofrece a subsanar en futuras ediciones los errores previamente notificados. Usborne Publishing agradece a las organizaciones que se citan a continuación la autorización concedida para reproducir el material gráfico.
Clave: a (arriba) b (abajo) c (centro) d (derecha) i (izquierda)

Cubierta (caballero) ©Warwick Castle, (Gran Muralla China) ©Michael S. Yamashita/CORBIS; p1, Detalle de *Agosto* de *Les très riches heures* du Duc de Berry por Pol de Limbourg/The Art Archive/Musée Condé Chantilly/The Art Archive; p3, ©Archivo Iconográfico, S.A./CORBIS; p4b, ©The Natural History Museum, Londres; p5bd, ©The Natural History Museum, Londres; p7a, ©Gianni Dagli Orti/CORBIS; p7b, George Roos, Peter Arnold, Inc./Science Photo Library; p8ad, ©Copyright The British Museum, Londres; p8bi, ©Johnathan Smith/Cordaiy Photo Library Ltd./CORBIS; p10ad, Museo de Irak, Bagdad, Irak/Bridgeman Art Library; p11ad, ©Copyright The British Museum; p12b, ©Charles & Josette Lenars/CORBIS; p12ad, ©Archivo Iconográfico, S.A./CORBIS; p13ai, ©Copyright The British Museum; p13ai, ©Gianni Dagli Orti/CORBIS; p13d, Royal Albert Memorial Museum, Exeter, Devon/Bridgeman Art Library; p14i, ©Angelo Hornak/CORBIS; p14ad, ©Archivo Iconográfico, S.A./CORBIS; p16 Fergus O'Brien/Getty Images;p17bi, ©Michael Holford; p19ai, ©Michael S. Yamashita/CORBIS; p19bd, ©Keren Su/CORBIS; p20, National Museums & Galleries of Wales; p21cd, ©Roger Wood/CORBIS; p22ai, ©The Vikings, Britain's oldest Dark Age re-enactment society; p23bd, Werner Forman Archive/Statens Historiska Museum, Estocolmo; p24a (fondo), ©Digital Vision; p24b, ©Sandro Vannini/CORBIS; p24ad, ©Copyright The British Museum; p25bi, ©Michael S. Lewis/CORBIS; p27ad, The Art Archive/University Library Heidelberg/Dagli Orti; p29ad, ©Michelle Garrett/CORBIS; p29c, ©Gianni Dagli Orti/CORBIS; p29bd, ©George McCarthy/CORBIS; p30ai, ©Alan Levy; p30b, Kevin Schafer/Getty Images; p31ai, ©Wolfgang Kaehler/CORBIS; p32ai, Werner Forman Archive/British Museum, Londres; p34, ©Roger Antrobus/CORBIS; p35ci, *La Anunciación con San Emidius*, por Carlo Crivelli©National Gallery Collection, por cortesía de Trustees of the National Gallery, Londres/CORBIS; p35bd, Detalle de *El nacimiento de Venus* por Sandro Botticelli/Galleria degli Uffizi, Florencia/Photo Scala, Florencia; p36-37 (fondo), ©Digital Vision; p37ad, ©Craig Tuttle/CORBIS; p37bd, (astrolabio) ©National Maritime Museum, Londres; p37bd, (compás) National Maritime Museum, Londres, RU/Bridgeman Art Library; p38bi, Detalle del retrato de Enrique VIII por Hans Holbein/Galleria Nazionale d'Arte Antica, Roma/Photo Scala, Florencia; p38ad, ©Adam Woolfitt/CORBIS; p39a, Detalle del retrato de Ditchley de Isabel I por Marcus Gheeraerts, por cortesía de National Portrait Gallery, Londres; p40ai, ©L. Clarke/CORBIS; p41ai, The Art Archive/Topkapi Museum Estambul/Dagli Orti; p41ad (jarrón de porcelana y caja lacada) ©Asian Art & Archaeology, Inc./CORBIS; p42b, Demetrio Carrasco/Getty Images; p42ad, Nationalmuseet, Copenhague, Dinamarca/Bridgeman Art Library; p34ad, ©Dave G. Houser/CORBIS; p44, Demetrio Carrasco/Getty Images; p45d, ©Chris Lisle/CORBIS; p46ai, ©Kevin Fleming/CORBIS; p47b, ©Philadelphia Museum of Art/CORBIS; p48ad, ©Elio Ciol/CORBIS; p48b, ©Adrian Pope/Alamy; p49ad, Metropolitan Museum of Art, Nueva York, EE.UU./Bridgeman Art Library; p51ci, Un caballero y una dama bebiendo por Jan Vermeer/Gemäldegalerie, Dahlem-Berlin, Alemania/©SuperStock; p51ad, ©Darrell Gulin/CORBIS; p52ad, ©Archivo Iconográfico, S.A./CORBIS; p53ad, V& A Picture Library; p55bd, ©Bettmann/CORBIS; p57bd, Mary Evans Picture Library; p58ai, ©Neil Beer/CORBIS; p59ad, ©George Hall/CORBIS; p60ai, The Imperial War Museum, Londres; p60cd, ©Hulton-Deutsch Collection/CORBIS; p60b, ©Bettmann/CORBIS; p61ai, @Bettmann/CORBIS; p61b, ©CORBIS; p62, ©Digital Vision.

Diseño de portada: Andrea Slane
Manipulación digital: Susie McCaffrey, John Russell y Emma Julings
Ilustraciones adicionales: David Cuzik e Inklink Firenze

Usborne Publishing no se hace responsable ni acepta responsabilidad alguna por el acceso a sitios web o al contenido de los mismos, a excepción del sitio web propio, ni responsabilidad por exposición a material perjudicial, ofensivo o inexacto que pueda aparecer en la Web. Usborne Publishing no se hace responsable de ningún perjuicio o pérdida causada por virus que pudieran infiltrarse al acceder a los sitios web recomendados. Las ilustraciones descargables son propiedad copyright de Usborne Publishing Ltd. No se permite su reproducción impresa o en formato electrónico con fines comerciales o de lucro.

Respuesta a la pregunta de la página 7: La pintura de la caverna contiene un caballo, varios ciervos y un toro.

Copyright © 2003 Usborne Publishing Ltd., Usborne House, 83-85 Saffron Hill, Londres EC1N 8RT, Inglaterra.
Copyright © 2006 Usborne Publishing Ltd en español para todo el mundo. El nombre Usborne y los símbolos ⊕ ♀ son Marcas Registradas de Usborne Publishing Ltd. Todos los derechos reservados. Bajo las sanciones establecidas por las leyes, queda rigurosamente prohibida, sin autorización escrita de los titulares del copyright, la reproducción total o parcial de esta obra por cualquier medio o procedimiento, comprendidos la reprografía y el tratamiento informático, así como la distribución de ejemplares de la misma mediante alquiler o préstamo públicos. Impreso en Emiratos Árabes Unidos.